KB218092

불안함을 품고 살아가는 인류가
필수적으로 배워야만 하는 최상의 안심법문

금강반야바라밀경

金 剛 般 若 波 羅 蜜 經

이 책은 조계종 표준『금강반야바라밀경』을
독송본으로 편집한 책입니다.

불안함을 품고 살아가는 인류가
필수적으로 배워야만 하는 최상의 안심법문

금강반야바라밀경
金 剛 般 若 波 羅 蜜 經

도서출판 이층버스

차례

삼귀의.................................7

송경의식.............................9

금강반야바라밀경(한글해석)........13

금강반야바라밀경.................105

금강반야바라밀경 진언.........160

금강반야바라밀경찬.............161

금강반야바라밀경찬(한글해석)..165

칠사구게..........................169

삼귀의

三 歸 依

넘어진 자를 일으켜 세우듯,
눈 가려진 것을 치워내 보여주듯,
길 잃고 헤매는 자에게 방향을 알려주듯,
캄캄하게 어두운 곳에서
등불을 건네주듯,

부처님께서는
여러 가지 자비로운 방편으로
저희에게 행복의 길을 알려주셨습니다.
윤회의 감옥에서 벗어나고자 하는
저희들은 이 목숨이 다 할 때까지
오직 삼보전에 귀의합니다.

거룩하신 부처님께 귀의합니다.
지혜로운 가르침에 귀의합니다.
청정하신 수행승의 참모임에
귀의합니다.

송경의식

誦 經 儀 式

정구업진언

淨 口 業 眞 言

수리수리 마하수리 수수리

修 理 修 理　摩 訶 修 里　修 修 理

사바하(세번)

娑 婆 訶

오방내외안위제신진언

五 方 內 外 安 慰 諸 神 眞 言

나무 사만다 못다남

南 無 娑 滿 多　沒 多 南

옴 도로도로 지미 사바하(세번)

唵 度 魯 度 魯　地 味 娑 婆 訶

봉청팔금강
奉 請 八 金 剛

봉청청제재금강
奉 請 靑 除 災 金 剛

봉청벽독금강
奉 請 碧 毒 金 剛

봉청황수구금강
奉 請 黃 隨 求 金 剛

봉청백정수금강
奉 請 白 淨 水 金 剛

봉청적성화금강
奉 請 赤 聲 火 金 剛

봉청정제재금강
奉 請 定 除 災 金 剛

봉청자현신금강
奉 請 紫 賢 神 金 剛

봉청대신력금강
奉 請 大 神 力 金 剛

봉청사보살
奉 請 四 菩 薩

봉청금강권보살
奉 請 金 剛 眷 菩 薩

봉청금강색보살
奉 請 金 剛 索 菩 薩

봉청금강애보살
奉 請 金 剛 愛 菩 薩

봉청금강어보살
奉 請 金 剛 語 菩 薩

발원문
發 願 文

계수삼계존 　 귀명시방불
稽 首 三 界 尊 　 歸 命 十 方 佛

아금발홍원 　 지차금강경
我 今 發 弘 願 　 持 此 金 剛 經

상보사중은 　 하제삼도고
上 報 四 重 恩 　 下 濟 三 途 苦

약유견문자 　 실발보리심
若 有 見 聞 者 　 悉 發 菩 提 心

진차일보신 　 동생극락국
盡 此 一 報 身 　 同 生 極 樂 國

11

개경게
開 經 偈

무상심심미묘법
無 上 甚 深 微 妙 法

백천만겁난조우
百 千 萬 劫 難 遭 遇

아금문견득수지
我 今 聞 見 得 受 持

원해여래진실의
願 解 如 來 眞 實 義

개법장진언
開 法 藏 眞 言

옴 아라남 아라다(세번)
唵 阿 羅 南 阿 羅 多

금강반야바라밀경
金 剛 般 若 波 羅 蜜 經

-확고한 지혜의 완성에 이르는 길-

요진 천축삼장 구마라집 역
姚秦 天竺三藏 鳩摩羅什 譯

01 법회인유분 제일
:법회의 인연

이와 같이 나는 들었습니다. 어느 때 부처님께서 거룩한 비구 천이백오십 명과 함께 사위국 기수급고독원에 계셨습니다. 그때 세존께서는 공양 때가 되어 가사를 입

13

고 발우를 들고 걸식하고자 사위대성에 들어가셨습니다. 성 안에서 차례로 걸식하신 후 본래의 처소로 돌아와 공양을 드신 뒤 가사와 발우를 거두고 발을 씻으신 다음 자리를 펴고 앉으셨습니다.

02 선현기청분 제이
:수보리가 법을 물음

그때 대중 가운데 있던 수보리 장로가 자리에서 일어

나 오른쪽 어깨를 드러내고 오른 무릎을 땅에 대며 합장하고 공손히 부처님께 여쭈었습니다.

"경이롭습니다, 세존이시여! 여래께서는 보살들을 잘 보호해 주시며 보살들을 잘 격려해 주십니다. 세존이시여! 가장 높고 바른 깨달음을 얻고자 하는 선남자 선여인이 어떻게 살아야 하며 어떻게 그 마음을 다스려야 합니까?"

부처님께서 말씀하셨습니다.

"훌륭하고 훌륭하다. 수보리여! 그대의 말과 같이 여래는 보살들을 잘 보호해 주며 보살들을 잘 격려해 준다. 그대는 자세히 들어라. 그대에게 설하리라. 가장 높고 바른 깨달음을 얻고자 하는 선남자 선여인은 이와 같이 살아야 하며 이와 같이 그 마음을 다스려야 한다."

"예, 세존이시여!"라고 하

며 수보리는 즐거이 듣고자
하였습니다.

03 대승정종분 제삼
:대승의 근본 뜻

부처님께서 수보리에게 말
씀하셨습니다.

"모든 보살마하살은 다음
과 같이 그 마음을 다스려
야 한다. '알에서 태어난 것
이나, 태에서 태어난 것이나,
습기에서 태어난 것이나, 변

화하여 태어난 것이나, 형상
이 있는 것이나, 형상이 없는
것이나, 생각이 있는 것이나,
생각이 없는 것이나, 생각이
있는 것도 아니고 없는 것도
아닌 온갖 중생들을 내가 모
두 완전한 열반에 들게 하리
라. 이와 같이 헤아릴 수 없
이 많은 중생을 열반에 들게
하였으나, 실제로는 완전한
열반을 얻은 중생이 아무도
없다.'

　왜냐하면 수보리여! 보살

에게 자아가 있다는 관념, 개아가 있다는 관념, 중생이 있다는 관념, 영혼이 있다는 관념이 있다면 보살이 아니기 때문이다."

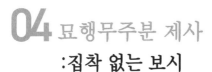

04 묘행무주분 제사
:집착 없는 보시

"또한 수보리여! 보살은 어떤 대상에도 집착 없이 보시해야 한다. 말하자면 형색에 집착 없이 보시해야 하며 소리, 냄새, 맛, 감촉, 마음의 대상에도 집착 없이 보시해야 한다.

수보리여! 보살은 이와 같이 보시하되 어떤 대상에 대한 관념에도 집착하지 않아야 한다. 왜냐하면 보살이 대상에 대한 관념에 집착 없이 보시한다면 그 복덕은 헤아릴 수 없기 때문이다.

수보리여! 그대 생각은 어떠한가? 동쪽 허공을 헤아릴 수 있겠는가?"

"없습니다, 세존이시여!"

"수보리여! 남서북방, 사이사이, 아래 위 허공을 헤아릴 수 있겠는가?"

"없습니다, 세존이시여!"

"수보리여! 보살이 대상에 대한 관념에 집착하지 않고 보시하는 복덕도 이와 같이 헤아릴 수 없다. 수보리여! 보살은 반드시 가르친 대로 살아야 한다."

05 여리실견분 제오
:여래의 참모습

"수보리여! 그대 생각은 어떠한가? 신체적 특징을 가지고 여래라고 볼 수 있는가?"

"없습니다, 세존이시여! 신체적 특징을 가지고 여래라고 볼 수는 없습니다. 왜냐하면 여래께서 말씀하신 신체적 특징은 바로 신체적 특징이 아니기 때문입니다."

부처님께서 수보리에게 말

씀하셨습니다.

"신체적 특징들은 모두 헛된 것이니 신체적 특징이 신체적 특징 아님을 본다면 바로 여래를 보리라."

06 정신희유분 제육
:깊은 믿음

수보리가 부처님께 여쭈었습니다.

"세존이시여! 이와 같은 말씀을 듣고 진실한 믿음을 내는 중생들이 있겠습니까?"

부처님께서 수보리에게 말
씀하셨습니다.

"그런 말 하지 말라. 여래
가 열반에 든 오백년 뒤에
도 계를 지니고 복덕을 닦는
이는 이러한 말에 신심을 낼
수 있고 이것을 진실한 말로
여길 것이다. 이 사람은 한
부처님이나 두 부처님, 서너
다섯 부처님께 선근을 심었
을 뿐만 아니라 이미 한량없
는 부처님 처소에서 여러 가

지 선근을 심었으므로 이 말씀을 듣고 잠깐이라도 청정한 믿음을 내는 자임을 알아야 한다.

수보리여! 여래는 이러한 중생들이 이와 같이 한량없는 복덕 얻음을 다 알고 다 본다. 왜냐하면 이러한 중생들은 다시는 자아가 있다는 관념, 개아가 있다는 관념, 중생이 있다는 관념, 영혼이 있다는 관념이 없고, 법이라는 관념이 없으며 법이 아니라는 관념도 없기 때문이다.

왜냐하면 이러한 중생들이 마음에 관념을 가지면 자아·개아·중생·영혼에 집착하는 것이고 법이라는 관념을 가지면 자아·개아·중생·영혼에 집착하는 것이기 때문이다.

왜냐하면 법이 아니라는 관념을 가져도 자아·개아·중생·영혼에 집착하는 것이기 때문이다. 그러므로 법에 집착해도 안 되고 법 아닌 것에 집착해서도 안 된다.

그러기에 여래는 늘 설했다. 너희 비구들이여! 나의 설법은 뗏목과 같은 줄 알아라. 법도 버려야 하거늘 하물며 법 아닌 것이랴!"

07 무득무설분 제칠
:깨침과 설법이 없음

"수보리여! 그대 생각은 어떠한가? 여래가 가장 높고 바른 깨달음을 얻었는가? 여래가 설한 법이 있는가?"

수보리가 대답하였습니다.

"제가 부처님께서 말씀하신 뜻을 이해하기로는 가장 높고 바른 깨달음이라 할 만한 정해진 법이 없고, 또한 여래께서 설한 단정적인 법도 없습니다. 왜냐하면 여래께서 설한 법은 모두 얻을 수도 없고 설할 수도 없으며, 법도 아니고 법 아님도 아니기 때문입니다. 그것은 모든 성현들이 다 무위법 속에서 차이가 있는 까닭입니다."

08 의법출생분 제팔
:부처와 깨달음의 어머니, 금강경

"수보리여! 그대 생각은 어떠한가? 어떤 사람이 삼천대천세계에 칠보를 가득 채워 보시한다면 이 사람의 복덕이 진정 많겠는가?"

수보리가 대답하였습니다.

"매우 많습니다, 세존이시여! 왜냐하면 이 복덕은 바로 복덕의 본질이 아닌 까닭에

여래께서는 복덕이 많다고
하셨기 때문입니다."

"다시 어떤 사람이 이 경의
사구게만이라도 받고 지니고
다른 사람을 위해 설해 준다
고 하자. 그러면 이 복이 저
복보다 더 뛰어나다. 왜냐하
면 수보리여! 모든 부처님과
모든 부처님의 가장 높고 바
른 깨달음의 법은 다 이 경에
서 나왔기 때문이다. 수보리
여! 부처의 가르침이라고 말
하는 것은 부처의 가르침이

아니다."

09 일상무상분 제구
: 관념과 그 관념의 부정

"수보리여! 그대 생각은 어
떠한가? 수다원이 '나는 수
다원과를 얻었다.'고 생각하
겠는가?"

수보리가 대답하였습니다.

"아닙니다, 세존이시여! 왜
냐하면 수다원은 '성자의 흐
름에 든 자'라고 불리지만 들

어간 곳이 없으니 형색, 소리, 냄새, 맛, 감촉, 마음의 대상에 들어가지 않는 것을 수다원이라 하기 때문입니다."

"수보리여! 그대 생각은 어떠한가? 사다함이 '나는 사다함과를 얻었다.'고 생각하겠는가?"

수보리가 대답하였습니다.

"아닙니다, 세존이시여! 왜냐하면 사다함은 '한 번만 돌아올 자'라고 불리지만 실로 돌아옴이 없는 것을 사다함이라 하기 때문입니다."

"수보리여! 그대 생각은 어떠한가? 아나함이 '나는 아나함과를 얻었다.'고 생각하겠는가?"

수보리가 대답하였습니다.

"아닙니다, 세존이시여! 왜냐하면 아나함은 '되돌아오지 않는 자'라고 불리지만 실로 되돌아오지 않음이 없는 것을 아나함이라 하기 때문입니다."

"수보리여! 그대 생각은 어

떠한가? 아라한이 '나는 아라한의 경지를 얻었다.'고 생각하겠는가?"

수보리가 대답하였습니다. "아닙니다, 세존이시여! 왜냐하면 실제 아라한이라 할 만한 법이 없기 때문입니다. 세존이시여! 아라한이 '나는 아라한의 경지를 얻었다.'고 생각한다면 자아·개아·중생·영혼에 집착하는 것입니다.

세존이시여! 부처님께서

저를 다툼 없는 삼매를 얻은 사람 가운데 제일이고 욕망을 여읜 제일가는 아라한이라고 말씀하셨습니다. 저는 '나는 욕망을 여읜 아라한이다.'라고 생각하지 않습니다.

세존이시여! 제가 '나는 아라한의 경지를 얻었다.'고 생각한다면 세존께서는 '수보리는 적정행을 즐기는 사람이다. 수보리는 실로 적정행을 한 것이 없으므로 수보리는 적정행을 즐긴다고 말한

다.'라고 설하지 않으셨을 것
입니다."

10 장엄정토분 제십
:불국토의 장엄

부처님께서 수보리에게 말
씀하셨습니다.

"그대 생각은 어떠한가? 여
래가 옛적에 연등부처님 처
소에서 법을 얻은 것이 있는
가?"

"없습니다, 세존이시여! 여

래께서 연등부처님 처소에서
실제로 법을 얻은 것이 없습
니다."

"수보리여! 그대 생각은 어
떠한가? 보살이 불국토를 아
름답게 꾸미는가?"

"아닙니다, 세존이시여! 왜
냐하면 불국토를 아름답게
꾸민다는 것은 아름답게 꾸
미는 것이 아니므로 아름답
게 꾸민다고 말하기 때문입
니다."

"그러므로 수보리여! 모든

보살마하살은 이와 같이 깨끗한 마음을 내어야 한다. 형색에 집착하지 않고 마음을 내어야 하고 소리, 냄새, 맛, 감촉, 마음의 대상에도 집착하지 않고 마음을 내어야 한다. 마땅히 집착 없이 그 마음을 내어야 한다.

수보리여! 어떤 사람의 몸이 산들의 왕 수미산만큼 크다면 그대 생각은 어떠한가? 그 몸이 크다고 하겠는가?"

수보리가 대답하였습니다.

"매우 큽니다, 세존이시여! 왜냐하면 부처님께서는 몸 아님을 설하셨으므로 큰 몸 이라 말씀하셨기 때문입니 다."

11 무위복승분 제십일
: 무위법의 뛰어난 복덕

"수보리여! 항하의 모래 수 만큼 항하가 있다면 그대 생 각은 어떠한가? 이 모든 항 하의 모래 수는 진정 많다고 하겠는가?"

수보리가 대답하였습니다.

"매우 많습니다, 세존이시여! 항하들만 해도 헤아릴 수 없이 많은데 하물며 그것의 모래이겠습니까?"

"수보리여! 내가 지금 진실한 말로 그대에게 말한다. 선남자 선여인이 그 항하 모래 수만큼의 삼천대천세계에 칠보를 가득 채워 보시한다면 그 복덕이 많겠는가?"

수보리가 대답하였습니다.

"매우 많습니다, 세존이시여!"

부처님께서 수보리에게 말씀하셨습니다.

"선남자 선여인이 이 경의 사구게만이라도 받고 지니고 다른 사람을 위해 설해 준다면 이 복이 저 복보다 더 뛰어나다."

12 존중정교분 제십이
:올바른 가르침의 존중

"또한 수보리여! 이 경의 사구게만이라도 설해지는 곳곳마다 어디든지 모든 세상의 천신·인간·아수라가 마땅히 공양할 부처님의 탑묘임을 알아야 한다. 하물며 이 경 전체를 받고 지니고 읽고 외우는 사람이랴!

수보리여! 이 사람은 가장 높고 가장 경이로운 법을 성취할 것임을 알아야 한다. 이와 같이 경전이 있는 곳은 부처님과 존경받는 제자들이

계시는 곳이다."

13 여법수지분 제십삼

: 이 경을 수지하는 방법

그때 수보리가 부처님께 여쭈었습니다.

"세존이시여! 이 경을 무엇이라 불러야 하며 저희들이 어떻게 받들어 지녀야 합니까?"

부처님께서 수보리에게 말씀하셨습니다.

"이 경의 이름은 '금강반야
바라밀'이니, 이 제목으로 너
희들은 받들어 지녀야 한다.
그것은 수보리여! 여래는 반
야바라밀을 반야마라밀이 아
니라 설하였으므로 반야바
라밀이라 말한 까닭이다. 수
보리여! 그대 생각은 어떠한
가? 여래가 설한 법이 있는
가?"

수보리가 부처님께 말씀드
렸습니다.

"세존이시여! 여래께서는

설하신 법이 없습니다."

"수보리여! 그대 생각은 어떠한가? 삼천대천세계를 이루고 있는 티끌이 많다고 하겠는가?"

수보리가 대답하였습니다.

"매우 많습니다, 세존이시여!"

"수보리여! 여래는 티끌들을 티끌이 아니라고 설하였으므로 티끌이라 말한다. 여래는 세계를 세계가 아니라고 설하였으므로 세계라고 말한다. 수보리여! 그대 생각은 어떠한가? 서른두 가지 신체적 특징을 가지고 여래라고 볼 수 있는가?"

"없습니다, 세존이시여! 서른두 가지 신체적 특징을 가지고 여래라고 볼 수는 없습니다. 왜냐하면 여래께서는 서른두 가지 신체적 특징은 신체적 특징이 아니라고 설하셨으므로 서른두 가지 신체적 특징이라고 말씀하셨기 때문입니다."

"수보리여! 어떤 선남자 선
여인이 항하의 모래 수만큼
목숨을 보시한다고 하자. 또
어떤 사람이 이 경의 사구게
만이라도 받고 지니고 다른
사람을 위해 설해 준다고 하
자. 그러면 이 복이 저 복보
다 더욱 많으리라."

14 이상적멸분 제십사
:관념을 떠난 열반

그때 수보리가 이 경 설하

심을 듣고 뜻을 깊이 이해하여 감격의 눈물을 흘리며 부처님께 말씀드렸습니다.

"경이롭습니다, 세존이시여! 제가 지금까지 얻은 혜안으로는 부처님께서 이같이 깊이 있는 경전 설하심을 들은 적이 없습니다. 세존이시여! 만일 어떤 사람이 이 경을 듣고 믿음이 청정해지면 바로 궁극적 지혜가 일어날 것이니, 이 사람은 가장 경이로운 공덕을 성취할 것임을 알아야 합니다.

세존이시여! 이 궁극적 지혜라는 것은 궁극적 지혜가 아닌 까닭에 여래께서는 궁극적 지혜라고 말씀하셨습니다. 세존이시여! 제가 지금 이 같은 경전을 듣고서 믿고 이해하고 받고 지니기는 어렵지 않습니다. 그러나 미래 오백년 뒤에도 어떤 중생이 이 경전을 듣고 믿고 이해하고 받고 지닌다면 이 사람은 가장 경이로울 것입니다.

왜냐하면 이 사람은 자아가 있다는 관념, 개아가 있다는 관념, 중생이 있다는 관념, 영혼이 있다는 관념이 없기 때문입니다. 그것은 자아가 있다는 관념은 관념이 아니며, 개아가 있다는 관념, 중생이 있다는 관념, 영혼이 있다는 관념은 관념이 아닌 까닭입니다. 왜냐하면 모든 관념을 떠난 이를 부처님이라 말하기 때문입니다."

부처님께서 수보리에게 말

쏨하셨습니다.

"그렇다, 그렇다. 만일 어떤 사람이 이 경을 듣고 놀라지도 않고 무서워하지도 않고 두려워하지도 않는다면 이 사람은 매우 경이로운 줄 알아야 한다. 왜냐하면 수보리여! 여래는 최고의 바라밀을 최고의 바라밀이 아니라고 설하였으므로 최고의 바라밀이라 말하기 때문이다.

수보리여! 인욕바라밀을 여래는 인욕바라밀이 아니라

고 설하였다. 왜냐하면 수보리여! 내가 옛적에 가리왕에게 온 몸을 마디마디 잘렸을 때, 나는 자아가 있다는 관념, 개아가 있다는 관념, 중생이 있다는 관념, 영혼이 있다는 관념이 없었기 때문이다.

왜냐하면 내가 옛날 마디마디 사지가 잘렸을 때, 자아가 있다는 관념, 개아가 있다는 관념, 중생이 있다는 관념, 영혼이 있다는 관념이 있

었다면 성내고 원망하는 마
음이 생겼을 것이기 때문이
다.

수보리여! 여래는 과거 오
백 생 동안 인욕수행자였는
데 그때 자아가 있다는 관념
이 없었고, 개아가 있다는 관
념이 없었고, 중생이 있다는
관념이 없었고, 영혼이 있다
는 관념이 없었다.

그러므로 수보리여! 보살
은 모든 관념을 떠나 가장 높
고 바른 깨달음의 마음을 내

어야 한다.

형색에 집착 없이 마음을 내어야 하며 소리, 냄새, 맛, 감촉, 마음의 대상에도 집착 없이 마음을 내어야 한다. 마땅히 집착 없이 마음을 내어야 한다. 마음에 집착이 있다면 그것은 올바른 삶이 아니다. 그러므로 보살은 형색에 집착 없는 마음으로 보시해야 한다고 여래는 설하였다.

수보리여! 보살은 모든 중생을 이롭게 하기 위해 이

와 같이 보시해야 한다. 여래
는 모든 중생이란 관념은 중
생이란 관념이 아니라고 설
하고, 또 모든 중생도 중생이
아니라고 설한다.

수보리여! 여래는 바른 말
을 하는 이고, 참된 말을 하
는 이며, 이치에 맞는 말을
하는 이고, 속임 없이 말하는
이며, 사실대로 말하는 이다.
수보리여! 여래가 얻은 법에
는 진실도 없고 거짓도 없다.

수보리여! 보살이 대상에

집착하는 마음으로 보시하는 것은 마치 사람이 어둠 속에 들어가면 아무것도 볼 수 없는 것과 같고 보살이 대상에 집착하지 않는 마음으로 보시하는 것은 마치 눈 있는 사람에게 햇빛이 밝게 비치면 갖가지 모양을 볼 수 있는 것과 같다.

수보리여! 미래에 선남자 선여인이 이 경전을 받고 지니고 읽고 외운다면 여래는 부처의 지혜로 이 사람들이

모두 한량없는 공덕을 성취
하게 될 것임을 다 알고 다
본다."

15 지경공덕분 제십오
:경을 수지하는 공덕

"수보리여! 선남자 선여인
이 아침나절에 항하의 모래
수만큼 몸을 보시하고 점심
나절에 항하의 모래 수만큼
몸을 보시하며 저녁나절에
항하의 모래 수만큼 몸을 보

시하여, 이와 같이 한량없는 시간동안 몸을 보시한다고 하자.

또 어떤 사람이 이 경의 말씀을 듣고 비방하지 않고 믿는다고 하자. 그러면 이 복은 저 복보다 더 뛰어나다. 하물며 이 경전을 베껴 쓰고 받고 지니고 읽고 외우고 다른 이를 위해 설명해 줌이랴!

수보리여! 간단하게 말하면 이 경에는 생각할 수도 없고 헤아릴 수도 없는 한없는 공덕이 있다. 여래는 대승에 나아가는 이를 위해 설하며 최상승에 나아가는 이를 위해 설한다.

어떤 사람이 이 경을 받고 지니고 읽고 외워 널리 다른 사람을 위해 설해 준다면 여래는 이 사람들이 헤아릴 수 없고 말할 수 없으며 한없고 생각할 수 없는 공덕을 성취할 것임을 다 알고 다 본다. 이와 같은 사람들은 여래의 가장 높고 바른 깨달음을 감

당하게 될 것이다.

왜냐하면 수보리여! 소승법을 좋아하는 자가 자아가 있다는 견해, 개아가 있다는 견해, 중생이 있다는 견해, 영혼이 있다는 견해에 집착한다면 이 경을 듣고 받고 읽고 외우며 다른 사람을 위해 설명해 주지 못하기 때문이다.

수보리여! 이 경전이 있는 곳은 어디든지 모든 세상의 천신·인간·아수라들에게

공양을 받을 것이다. 이곳은
바로 탑이 되리니 모두가 공
경하고 예배하고 돌면서 그
곳에 여러 가지 꽃과 향을 뿌
릴 것임을 알아야 한다."

16 능정업장분 제십육
:업장을 맑히는 공덕

"또한 수보리여! 이 경을
받고 지니고 읽고 외우는 선
남자 선여인이 남에게 천대
와 멸시를 당한다면 이 사람

이 전생에 지은 죄업으로는 악도에 떨어져야 마땅하겠지만, 금생에 다른 사람의 천대와 멸시를 받았기 때문에 전생의 죄업이 소멸되고 반드시 가장 높고 바른 깨달음을 얻게 될 것이다.

수보리여! 나는 연등부처님을 만나기 전 과거 한량없는 아승기겁 동안 팔백 사천만억 나유타의 여러 부처님을 만나 모두 공양하고 받들어 섬기며 그냥 지나친 적이 없었음을 기억한다.

만일 어떤 사람이 정법이 쇠퇴할 때 이 경을 잘 받고 지니고 읽고 외워서 얻은 공덕에 비하면, 내가 여러 부처님께 공양한 공덕은 백에 하나에도 미치지 못하고 천에 하나 만에 하나 억에 하나에도 미치지 못하며 더 나아가서 어떤 셈이나 비유로도 미치지 못한다.

수보리여! 선남자 선여인이 정법이 쇠퇴할 때 이 경

을 받고 지니고 읽고 외워서 얻는 공덕을 내가 자세히 말한다면, 아마도 이 말을 듣는 이는 마음이 어지러워서 의심하고 믿지 않을 것이다. 수보리여! 이 경은 뜻이 불가사의하며 그 과보도 불가사의함을 알아야 한다."

17 구경무아분 제십칠
: 궁극의 가르침, 무아

그때 수보리가 부처님께 여

쭈었습니다.

"세존이시여! 가장 높고 바른 깨달음을 얻고자 하는 선남자 선여인은 어떻게 살아야 하며 어떻게 그 마음을 다스려야 합니까?"

부처님께서 수보리에게 말씀하셨습니다.

"가장 높고 바른 깨달음을 얻고자 하는 선남자 선여인은 이러한 마음을 일으켜야 한다. '나는 일체 중생을 열반에 들게 하리라. 일체 중생

을 열반에 들게 하였지만 실제로는 아무도 열반을 얻은 중생이 없다.'

왜냐하면 수보리여! 보살에게 자아가 있다는 관념, 개아가 있다는 관념, 중생이 있다는 관념, 영혼이 있다는 관념이 있다면 보살이 아니기 때문이다. 그것은 수보리여! 가장 높고 바른 깨달음에 나아가는 자라 할 법이 실제로 없는 까닭이다.

수보리여! 그대 생각은 어

떠한가? 여래가 연등부처님 처소에서 얻은 가장 높고 바른 깨달음이라 할 법이 있었는가?"

"아닙니다, 세존이시여! 제가 부처님께서 말씀하신 뜻을 이해하기로는 부처님께서 연등부처님 처소에서 얻으신 가장 높고 바른 깨달음이라 할 법이 없습니다."

부처님께서 말씀하셨습니다.

"그렇다, 그렇다. 수보리

여! 여래가 가장 높고 바른
깨달음을 얻은 법이 실제로
없다. 수보리여! 여래가 가장
높고 바른 깨달음을 얻은 법
이 있었다면 연등부처님께서
내게 '그대는 내세에 석가모
니라는 이름의 부처가 될 것
이다.'라고 수기하지 않았을
것이다. 가장 높고 바른 깨달
음을 얻은 법이 실제로 없었
으므로 연등부처님께서 내게
'그대는 내세에는 반드시 석
가모니라는 이름의 부처가

될 것이다.'라고 수기하셨던 것이다. 왜냐하면 여래는 모든 존재의 진실한 모습을 의미하기 때문이다.

어떤 사람이 여래가 가장 높고 바른 깨달음을 얻었다고 말한다면, 수보리여! 여래가 가장 높고 바른 깨달음을 얻은 법이 실제로 없다. 수보리여! 여래가 얻은 가장 높고 바른 깨달음에는 진실도 없고 거짓도 없다. 그러므로 여래는 '일체법이 모두 불법이다.'라고 설한다.

수보리여! 일체법이라 말한 것은 일체법이 아닌 까닭에 일체법이라 말한다. 수보리여! 예컨대 사람의 몸이 매우 큰 것과 같다."

수보리가 말하였습니다.

"세존이시여! 여래께서 사람의 몸이 매우 크다는 것은 큰 몸이 아니라고 설하셨으므로 큰 몸이라 말씀하셨습니다."

"수보리여! 보살도 역시 그

러하다. '나는 반드시 한량없
는 중생을 제도하리라.' 말한
다면 보살이라 할 수 없다.
왜냐하면 수보리여! 보살이
라 할 만한 법이 실제로 없기
때문이다. 그러므로 여래는
모든 법에 자아도 없고, 개아
도 없고, 중생도 없고, 영혼
도 없다고 설한 것이다.

수보리여! 보살이 '나는 반드
시 불국토를 장엄하리라.' 말한
다면 이는 보살이라 할 수 없
다. 왜냐하면 여래는 불국토를

장엄한다는 것은 장엄하는 것
이 아니라고 설하였으므로 장
엄한다고 말하기 때문이다.

수보리여! 보살이 무아의 법
에 통달한다면 여래는 이런 이
를 진정한 보살이라 부른다."

18 일체동관분 제십팔
: 분별없이 관찰함

"수보리여! 그대 생각은 어
떠한가? 여래에게 육안이 있
는가?"

"그렇습니다, 세존이시여! 여래에게는 육안이 있습니다."

"수보리여! 그대 생각은 어떠한가? 여래에게 천안이 있는가?"

"그렇습니다, 세존이시여! 여래에게는 천안이 있습니다."

"수보리여! 그대 생각은 어떠한가? 여래에게 혜안이 있는가?"

"그렇습니다, 세존이시여!

여래에게는 혜안이 있습니
다."

"수보리여!그대 생각은 어
떠한가? 여래에게 법안이 있
는가?"

"그렇습니다, 세존이시여!
여래에게는 법안이 있습니
다."

"수보리여! 그대 생각은 어
떠한가? 여래에게 불안이 있
는가?"

"그렇습니다, 세존이시여!
여래에게는 불안이 있습니

다."

"수보리여! 그대 생각은 어떠한가? 여래는 항하의 모래에 대해서 설하였는가?"

"그렇습니다, 세존이시여! 여래는 이 모래에 대해 설하셨습니다."

"수보리여! 그대 생각은 어떠한가? 한 항하의 모래와 같이 이런 모래만큼의 항하가 있고 이 여러 항하의 모래 수만큼 부처님 세계가 그만큼 있다면 진정 많다고 하겠는가?"

"매우 많습니다, 세존이시
여!"

부처님께서 수보리에게 말
씀하셨습니다.

"그 국토에 있는 중생의 여
러 가지 마음을 여래는 다 안
다. 왜냐하면 여래는 여러 가
지 마음이 모두 다 마음이 아
니라 설하였으므로 마음이라
말하기 때문이다. 그것은 수
보리여! 과거의 마음도 얻을
수 없고 현재의 마음도 얻을

수 없고 미래의 마음도 얻을
수 없는 까닭이다."

19 법계통화분 제십구
:복덕 아닌 복덕

"수보리여! 그대 생각은 어
떠한가? 어떤 사람이 삼천대
천세계에 칠보를 가득 채워
보시한다면 이 사람이 이러
한 인연으로 많은 복덕을 얻
겠는가?"

"그렇습니다, 세존이시여!

그 사람이 이러한 인연으로 매우 많은 복덕을 얻을 것입니다."

"수보리여! 복덕이 실로 있는 것이라면 여래는 많은 복덕을 얻는다고 말하지 않았을 것이다. 복덕이 없기 때문에 여래는 많은 복덕을 얻는다고 말한 것이다."

20 이색이상분 제이십
: 모습과 특성의 초월

"수보리여! 그대 생각은 어
떠한가? 신체적 특징을 원만
하게 갖추었다고 여래라고
볼 수 있겠는가?"

"아닙니다, 세존이시여! 신
체적 특징을 원만하게 갖추
었다고 여래라고 볼 수는 없
습니다. 왜냐하면 여래께서
는 원만한 신체를 갖춘다는
것은 원만한 신체를 갖춘 것
이 아니라고 설하셨으므로
원만한 신체를 갖춘 것이라
고 말씀하셨기 때문입니다."

"수보리여! 그대 생각은 어떠한가? 신체적 특징을 갖추었다고 여래라고 볼 수 있겠는가?"

"아닙니다, 세존이시여! 신체적 특징을 갖추었다고 여래라고 볼 수는 없습니다. 왜냐하면 여래께서는 신체적 특징을 갖춘다는 것이 신체적 특징을 갖춘 것이 아니라고 설하셨으므로 신체적 특징을 갖춘 것이라고 말씀하셨기 때문입니다."

21 비설소설분 제이십일
: 설법아닌 설법

"수보리여! 그대는 여래가 '나는 설한 법이 있다.'는 생각을 한다고 말하지 말라. 이런 생각을 하지 말라. 왜냐하면 '여래께서 설하신 법이 있다.'고 말한다면, 이 사람은 여래를 비방하는 것이니, 내가 설한 것을 이해하지 못했기 때문이다. 수보리여! 설법이라는 것은 설할 만한 법이

없는 것이므로 설법이라고
말한다.”

그때 수보리 장로가 부처
님께 여쭈었습니다.

“세존이시여! 미래에 이 법
설하심을 듣고 신심을 낼 중
생이 조금이라도 있겠습니
까?”

부처님께서 말씀하셨습니
다.

“수보리여! 저들은 중생이
아니요 중생이 아닌 것도 아니
다. 왜냐하면 수보리여! 중생

중생이라 하는 것은 여래가 중생이 아니라고 설하였으므로 중생이라 말하기 때문이다."

22 무법가득분 제이십이
: 얻을 것이 없는 법

수보리가 부처님께 여쭈었습니다.

"세존이시여! 부처님께서 가장 높고 바른 깨달음을 얻은 것은 법이 없는 것입니까?"

부처님께서 말씀하셨습니다.

"그렇다, 그렇다. 수보리여! 내가 가장 높고 바른 깨달음에서 조그마한 법조차도 얻을 만한 것이 없었으므로 가장 높고 바른 깨달음이라 말한다."

23 정심행선분 제이십삼
:관념을 떠난 선행

"또한 수보리여! 이 법은

평등하여 높고 낮은 것이 없으니, 이것을 가장 높고 바른 깨달음이라 말한다. 자아도 없고, 개아도 없고, 중생도 없고, 영혼도 없이 온갖 선법을 닦음으로써 가장 높고 바른 깨달음을 얻게 된다. 수보리여! 선법이라는 것은 선법이 아니라고 여래는 설하였으므로 선법이라 말한다."

24 복지무비분 제이십사
:경전 수지가 최고의 복덕

"수보리여! 삼천대천세계에 있는 산들의 왕 수미산만큼의 칠보 무더기를 가지고 보시하는 사람이 있다고 하자. 또 이 반야바라밀경의 사구게만이라도 받고 지니고 읽고 외워 다른 사람을 위해 설해 주는 사람이 있다고 하자. 그러면 앞의 복덕은 뒤의 복덕에 비해 백에 하나에도 미치지 못하고 천에 하나 만에 하나 억에 하나에도 미치지 못하며 더 나아가서 어떤

셈이나 비유로도 미치지 못
한다."

25 화무소화분 제이십오
:분별없는 교화

"수보리여! 그대 생각은
어떠한가? 그대들은 여래
가 '나는 중생을 제도하리
라.'는 생각을 한다고 말하
지 말라. 수보리여! 이런
생각을 하지 말라.

왜냐하면 여래가 제도한

중생이 실제로 없기 때문이다. 만일 여래가 제도한 중생이 있다면, 여래에게도 자아 · 개아 · 중생 · 영혼이 있다는 집착이 있는 것이다.

수보리여! 자아가 있다는 집착은 자아가 있다는 집착이 아니라고 여래는 설하였다. 그렇지만 범부들이 자아가 있다고 집착한다. 수보리여! 범부라는 것도 여래는 범부가 아니라고 설하였다."

26 법신비상분 제이십육
:신체적 특징을 떠난 여래

"수보리여! 그대 생각은 어떠한가? 서른두 가지 신체적 특징으로 여래라고 볼 수 있는가?"

수보리가 대답하였습니다.

"그렇습니다, 그렇습니다. 서른두 가지 신체적 특징으로도 여래라고 볼 수 있습니다.”

부처님께서 말씀하셨습니다.

“수보리여! 서른두 가지 신체적 특징으로도 여래라고 볼 수 있다면 전륜성왕도 여래겠구나!”

수보리가 부처님께 말씀드렸습니다.

“세존이시여! 제가 부처님께서 말씀하신 뜻을 이해하기로는, 서른두 가지 신체적 특징을 가지고는 여래를 볼 수 없습니다.”

그때 세존께서 게송으로 말씀하셨습니다.

"형색으로 나를 보거나
음성으로 나를 찾으면
삿된 길 걸을 뿐
여래 볼 수 없으리."

27 무단무멸분 제이십칠
: 단절과 소멸의 초월

"수보리여! 그대가 '여래는 신체적 특징을 원만하게 갖추지 않았기 때문에 가장 높고 바른 깨달음을 얻은 것이다.'라고 생각한다면, 수보리여! '여래는 신체적 특징을 원만하게 갖추지 않았기 때문에 가장 높고 바른 깨달음을 얻은 것이다.'라고 생각하지 말라.

수보리여! 그대가 '가장 높고 바른 깨달음의 마음을 낸 자는 모든 법이 단절되고 소멸되어 버림을 주장한다.'고 생각한다면, 이런 생각을 하

지 말라. 왜냐하면 가장 높고
바른 깨달음의 마음을 낸 자
는 법에 대하여 단절되고 소
멸된다는 관념을 말하지 않
기 때문이다."

28 불수불탐분 제이십팔
: 탐착 없는 복덕

"수보리여! 보살이 항하의
모래 수만큼 세계에 칠보를
가득 채워 보시한다고 하자.
또 어떤 사람이 모든 법이 무

아임을 알아 인욕을 성취한
다고 하자. 그러면 이 보살의
공덕은 앞의 보살이 얻은 공
덕보다 더 뛰어나다. 수보리
여! 모든 보살들은 복덕을 누
리지 않기 때문이다.”

수보리가 부처님께 여쭈었
습니다.

“세존이시여! 어찌하여 보
살이 복덕을 누리지 않습니
까?”

“수보리여 보살은 지은 복
덕에 탐욕을 내거나 집착하

지 않아야 하기 때문에 복덕
을 누리지 않는다고 설한 것
이다."

29 위의적정분 제이십구
: 오고 감이 없는 여래

"수보리여! 어떤 사람이
'여래는 오기도 하고 가기
도 하며 앉기도 하고 눕기도
한다.'고 말한다면, 그 사람
은 내가 설한 뜻을 이해하지
못한 것이다. 왜냐하면 여래

란 오는 것도 없고 가는 것도
없으므로 여래라고 말하기
때문이다."

30 일합이상분 제삼십
: 부분과 전체의 참모습

"수보리여! 선남자 선여인
이 삼천대천세계를 부수어
가는 티끌을 만든다면, 그대
생각은 어떠한가? 이 티끌들
이 진정 많겠는가?"

"매우 많습니다, 세존이시

여! 왜냐하면 티끌들이 실제로 있는 것이라면 여래께서는 티끌들이라고 말씀하지 않으셨을 것이기 때문입니다. 그것은 여래께서 티끌들은 티끌들이 아니라고 설하셨으므로 티끌들이라고 말씀하신 까닭입니다.

세존이시여! 여래께서 말씀하신 삼천대천세계는 세계가 아니므로 세계라 말씀하십니다. 왜냐하면 세계가 실제로 있는 것이라면 한 덩어리로 뭉쳐진 것이겠지만, 여래께서 한 덩어리로 뭉쳐진 것은 한 덩어리로 뭉쳐진 것이 아니라고 설하셨으므로 한 덩어리로 뭉쳐진 것이라 말씀하셨기 때문입니다."

"수보리여! 한 덩어리로 뭉쳐진 것은 말할 수가 없는 것인데 범부들이 그것을 탐내고 집착할 따름이다."

31 지견불생분 제삼십일
: 내지 않아야 할 관념

"수보리여! 어떤 사람이 여래가 '자아가 있다는 견해, 개아가 있다는 견해, 중생이 있다는 견해, 영혼이 있다는 견해를 설했다.'고 말한다면, 수보리여! 그대 생각은 어떠한가? 이 사람이 내가 설한 뜻을 알았다 하겠는가?"

"아닙니다, 세존이시여! 그 사람은 여래께서 설한 뜻을 알지 못한 것입니다. 왜냐하면 세존께서는 자아가 있다는 견해, 개아가 있다는 견해, 중생이 있다는 견해, 영혼이 있다는 견해가 자아가 있다는 견해, 개아가 있다는 견해, 중생이 있다는 견해, 영혼이 있다는 견해가 아니라고 설하셨으므로 자아가 있다는 견해, 개아가 있다는 견해, 중생이 있다는 견해, 영혼이 있다는 견해라고 말씀하셨기 때문입니다."

"수보리여! 가장 높고 바른 깨달음을 얻고자 하는 이는 일체법에 대하여 이와 같이 알고, 이와 같이 보며, 이 와 같이 믿고 이해하여 법이 라는 관념을 내지 않아야 한 다. 수보리여! 법이라는 관념 은 법이라는 관념이 아니라 고 여래는 설하였으므로 법 이라는 관념이라 말한다."

32 응화비진분 제삼십이
: 관념을 떠난 교화

"수보리여! 어떤 사람이 한 량없는 아승기 세계에 칠보

를 가득 채워 보시한다고 하
자. 또 보살의 마음을 낸 어
떤 선남자 선여인이 이 경을
지니되 사구게만이라도 받고
지니고 읽고 외워 다른 사람
을 위해 연설해 준다고 하자.
그러면 이 복이 저 복보다 더
뛰어나다. 어떻게 남을 위해
설명해 줄 것인가? 설명해
준다는 관념에 집착하지 말
고 흔들림 없이 설명해야 한
다. 왜냐하면

일체 모든 유위법은
꿈·허깨비·물거품·그림자
·이슬·번개같으니
이렇게 관찰할지라."

부처님께서 이 경을 다 설
하시고 나니, 수보리 장로와
비구·비구니·우바새·우바이
와 모든 세상의 천신 · 인간 ·
아수라들이 부처님의 말씀을
듣고 매우 기뻐하며 믿고 받
들어 행하였습니다.

금강반야바라밀경 마침.

금강반야바라밀경
金 剛 般 若 波 羅 蜜 經

요진 천축삼장 구마라집 역
姚秦 天竺三藏 鳩摩羅什 譯

법회인유분 제일
法 會 因 由 分 第 一

여시아문 일시 불재사위국기
如 是 我 聞 一 時 佛 在 舍 衛 國 祇

수급고독원 여대비구중 천이
樹 給 孤 獨 園 與 大 比 丘 衆 千 二

백오십인구 이시 세존식시
百 五 十 人 俱 爾 時 世 尊 食 時

착의지발 입사위대성걸식 어
著 衣 持 鉢 入 舍 衛 大 城 乞 食 於

기성중 차제걸이 환지본처
其 城 中 次 第 乞 已 還 至 本 處

반사흘 수의발 세족이 부좌

飯食訖 收衣鉢 洗足已 數座

이좌

而坐

선현기청분 제이

善現起請分　第二

시 장로수보리 재대중중 즉

時　長老須菩提　在大衆中　卽

종좌기 편단우견 우슬착지

從座起　偏袒右肩　右膝著地

합장공경 이백불언 희유세

合掌恭敬　而白佛言　希有世

존 여래선호념제보살 선부촉

尊　如來善護念諸菩薩　善付囑

제보살 세존 선남자선여인

諸菩薩　世尊　善男子善女人

발아누다라삼먁삼보리심

發阿耨多羅三藐三菩提心

응운하주 운하항복기심 불
應云何住 云何降伏其心 佛

언 선재선재 수보리 여여
言 善哉善哉 須菩提 如汝

소설 여래 선호념제보살 선
所說 如來 善護念諸菩薩 善

부촉제보살 여금제청 당위
付囑諸菩薩 汝今諦聽 當爲

여설 선남자선여인 발아누
汝說 善男子善女人 發阿耨

다라삼먁삼보리심 응여시주
多羅三藐三菩提心 應如是住

여시항복기심 유연세존 원
如是降伏其心 唯然世尊 願

요욕문
樂欲聞

대승정종분 제삼
大乘正宗分 第三

불고수보리 제보살마하살 응
佛 告 須 菩 提 諸 菩 薩 摩 訶 薩 應

여시항복기심 소유일체중생
如 是 降 伏 其 心 所 有 一 切 衆 生

지류 약난생 약태생 약습생
之 類 若 卵 生 若 胎 生 若 濕 生

약화생 약유색 약무색 약유
若 化 生 若 有 色 若 無 色 若 有

상 약무상 약비유상비무상 아
想 若 無 想 若 非 有 想 非 無 想 我

개영입무여열반 이멸도지 여
皆 令 入 無 餘 涅 槃 而 滅 度 之 如

시멸도무량무수무변중생
是 滅 度 無 量 無 數 無 邊 衆 生

실무중생득멸도자 하이고
實 無 衆 生 得 滅 度 者 何 以 故

수보리 약보살 유아상 인상
須 菩 提 若 菩 薩 有 我 相 人 相

중생상 수자상 즉비보살
衆 生 相 壽 者 相 卽 非 菩 薩

묘행무주분 제사
妙行無住分 第四

부차수보리 보살어법 응무
復次須菩提 菩薩於法 應無

소주 행어보시 소위부주색
所住 行於布施 所謂不住色

보시 부주성향미촉법보시
布施 不住聲香味觸法布施

수보리 보살응여시보시 부
須菩提 菩薩應如是布施 不

주어상 하이고 약보살부주
住於相 何以故 若菩薩不住

상보시 기복덕불가사량 수
相布施 其福德不可思量 須

보리 어의운하 동방허공 가
菩提 於意云何 東方虛空 可

사량부 불야세존 수보리 남
思量不 不也世尊 須菩提 南

서북방 사유상하허공 가사
西北方 四維上下虛空 可思

량부 불야세존 수보리 보
量不 不也世尊 須菩提 菩

살무주상보시복덕 역부여시
薩無住相布施福德 亦復如是

불가사량 수보리 보살단응
不可思量 須菩提 菩薩但應

여소교주
如所教住

여리실견분 제오
如理實見分 第五

수보리 어의운하 가이신상
須菩提 於意云何 可以身相

견여래부 불야세존 불가이
見如來不 不也世尊 不可以

신상 득견여래 하이고 여래
身相 得見如來 何以故 如來

소설신상 즉비신상 불고수
所說身相　即非身相　佛告須

보리 범소유상 개시허망
菩提　凡所有相　皆是虛妄

약견제상비상 즉견여래
若見諸相非相　則見如來

정신희유분 제육
正信希有分　第六

수보리백불언 세존 파유중
須菩提白佛言　世尊　頗有衆

생 득문여시언설장구 생실
生　得聞如是言說章句　生實

신부 불고수보리 막작시설
信不　佛告須菩提　莫作是說

여래멸후 후오백세 유지계
如來滅後　後五百歲　有持戒

수복자 어차장구 능생신심
修福者　於此章句　能生信心

이차위실 당지시인 불어일
以此爲實 當知是人 不於一

불이불삼사오불 이종선근 이
佛二佛三四五佛 而種善根 已

어무량 천만불소 종제선근 문
於無量 千萬佛所 種諸善根 聞

시장구 내지일념 생정신자
是章句 乃至一念 生淨信者

수보리 여래실지실견 시제중
須菩提 如來悉知悉見 是諸衆

생 득여시무량복덕 하이고
生 得如是無量福德 何以故

시제중생 무부아상인상중생
是諸衆生 無復我相人相衆生

상수자상 무법상 역무비법
相壽者相 無法相 亦無非法

상 하이고 시제중생 약심취
相 何以故 是諸衆生 若心取

상 즉위착아인중생수자 약
相 則爲着我人衆生壽者 若

취법상 즉착아인중생수자

取 法 相　即 着 我 人 衆 生 壽 者

하이고 약취비법상 즉착아

何 以 故　若 取 非 法 相　即 着 我

인중생수자 시고 불응취법

人 衆 生 壽 者　是 故　不 應 取 法

불응취비법 이시의고 여래

不 應 取 非 法　以 是 義 故　如 來

상설 여등비구 지아설법 여

常 說　汝 等 比 丘　知 我 說 法　如

벌유자 법상응사 하황비법

筏 喩 者　法 尚 應 捨　何 況 非 法

무득무설분 제칠

無 得 無 說 分 第 七

수보리 어의운하 여래득아

須 菩 提　於 意 云 何　如 來 得 阿

누다라삼먁삼보리야 여래

耨 多 羅 三 藐 三 菩 提 耶　如 來

113

유소설법야 수보리언 여아

有 所 說 法 耶　須 菩 提 言　如 我

해불소설의 무유정법명아누

解 佛 所 說 義　無 有 定 法 名 阿 耨

다라삼먁삼보리 역무유정법

多 羅 三 藐 三 菩 提　亦 無 有 定 法

여래가설 하이고 여래소설

如 來 可 說　何 以 故　如 來 所 說

법 개불가취 불가설 비법

法　皆 不 可 取　不 可 說　非 法

비비법 소이자하 일체현성

非 非 法　所 以 者 何　一 切 賢 聖

개이무위법 이유차별

皆 以 無 爲 法　而 有 差 別

의법출생분 제팔

依 法 出 生 分　第 八

수보리 어의운하 약인 만삼

須 菩 提　於 意 云 何　若 人 滿 三

천대천세계칠보 이용보시
千大千世界七寶 以用布施

시인 소득복덕 영위다부
是人 所得福德 寧爲多不

수보리언 심다세존 하이고
須菩提言 甚多世尊 何以故

시복덕 즉비복덕성 시고여
是福德 卽非福德性 是故如

래설복덕다 약부유인 어차
來說福德多 若復有人 於此

경중 수지내지사구게등 위
經中 受持乃至四句偈等 爲

타인설 기복승피 하이고
他人說 其福勝彼 何以故

수보리 일체제불 급제불아누
須菩提 一切諸佛 及諸佛阿耨

다라삼먁삼보리법 개종차경
多羅三藐三菩提法 皆從此經

출 수보리 소위불법자 즉비
出 須菩提 所謂佛法者 卽非

115

불법
佛法

일상무상분 제구
一 相 無 相 分 第 九

수보리 어의운하 수다원 능
須 菩 提 　 於 意 云 何 　 須 陁 洹 能

작시념 아득수다원과부 수
作 是 念 　 我 得 須 陁 洹 果 不 　 須

보리언 불야세존 하이고 수
菩 提 言 　 不 也 世 尊 　 何 以 故 　 須

다원 명위입류 이무소입 불
陁 洹 　 名 爲 入 流 　 而 無 所 入 　 不

입색성향미촉법 시명수다원
入 色 聲 香 味 觸 法 　 是 名 須 陁 洹

수보리 어의운하 사다함 능
須 菩 提 　 於 意 云 何 　 斯 陁 含 能

작시념 아득사다함과부 수
作 是 念 　 我 得 斯 陁 含 果 不 　 須

보리언 불야세존 하이고 사
菩 提 言 不 也 世 尊 何 以 故 斯

다함 명일왕래 이실무왕래
陁 含 名 一 往 來 而 實 無 往 來

시명사다함 수보리 어의운
是 名 斯 陁 含 須 菩 提 於 意 云

하 아나함 능작시념 아득
何 阿 那 含 能 作 是 念 我 得

아나함과부 수보리언 불야
阿 那 含 果 不 須 菩 提 言 不 也

세존 하이고 아나함 명위
世 尊 何 以 故 阿 那 含 名 爲

불래 이실무불래 시고 명
不 來 而 實 無 不 來 是 故 名

아나함 수보리 어의운하 아
阿 那 含 須 菩 提 於 意 云 何 阿

라한 능작시념 아득아라한
羅 漢 能 作 是 念 我 得 阿 羅 漢

도부 수보리언 불야세존 하
道 不 須 菩 提 言 不 也 世 尊 何

이고 실무유법명아라한 세
以 故 實 無 有 法 名 阿 羅 漢 世

존 약아라한 작시념 아득
尊 若 阿 羅 漢 作 是 念 我 得

아라한도 즉위착아인중생
阿 羅 漢 道 卽 爲 着 我 人 衆 生

수자 세존 불설아득무쟁
壽 者 世 尊 佛 說 我 得 無 諍

삼매인중 최위제일 시제
三 昧 人 中 最 爲 第 一 是 第

일이욕아라한 아부작시념
一 離 欲 阿 羅 漢 我 不 作 是 念

아시이욕아라한 세존 아약
我 是 離 欲 阿 羅 漢 世 尊 我 若

작시념 아득아라한도 세존
作 是 念 我 得 阿 羅 漢 道 世 尊

즉불설 수보리시요아란나행
則 不 說 須 菩 提 是 樂 阿 蘭 那 行

자 이수보리실무소행 이명
者 以 須 菩 提 實 無 所 行 而 名

수보리 시요아란나행
須菩提 是樂阿蘭那行

장엄정토분 제십
莊嚴淨土分 第十

불고수보리 어의운하 여래
佛告須菩提 於意云何 如來

석재연등불소 어법유소득부
昔在然燈佛所 於法有所得不

불야세존 여래재연등불소 어
不也世尊 如來在然燈佛所 於

법실무소득 수보리 어의운
法實無所得 須菩提 於意云

하 보살 장엄불토부 불야
何 菩薩 莊嚴佛土不 不也

세존 하이고 장엄불토자 즉
世尊 何以故 莊嚴佛土者 則

비장엄 시명장엄 시고 수보
非莊嚴 是名莊嚴 是故 須菩

리 제보살마하살 응여시생
提　諸菩薩摩訶薩　應如是生

청정심 불응주색생심 불응
清淨心　不應住色生心　不應

주성향미촉법생심 응무소주
住聲香味觸法生心　應無所住

이생기심 수보리 비여유인
而生基心　須菩提　譬如有人

신여수미산왕 어의운하 시
身如須彌山王　於意云何　是

신위대부 수보리언 심대세
身爲大不　須菩提言　甚大世

존 하이고 불설비신 시명대
尊　何以故　佛說非身　是名大

신
身

무위복승분 제십일
無爲福勝分　第十一

수보리 여항하중소유사수 여
須菩提 如恒河中所有沙數 如

시사등항하 어의운하 시제
是沙等恒河 於意云何 是諸

항하사 영위다부 수보리언
恒河沙 寧爲多不 須菩提言

심다세존 단제항하 상다무
甚多世尊 但諸恒河 尙多無

수 하황기사 수보리 아금
數 何況其沙 須菩提 我今

실언고여 약유선남자선여
實言告汝 若有善男子善女

인 이칠보만이소항하사수
人 以七寶滿爾所恒河沙數

삼천대천세계 이용보시 득
三千大千世界 以用布施 得

복다부 수보리언 심다세존
福多不 須菩提言 甚多世尊

불고수보리 약선남자선여인
佛告須菩提 若善男子善女人

어차경중 내지수지사구게등
於此經中 乃至受持四句偈等

위타인설 이차복덕 승전복덕
爲他人說 而此福德 勝前福德

존중정교분 제십이
尊重正教分 第十二

부차수보리 수설시경 내지
復次須菩提 隨說是經 乃至

사구게등 당지차처 일체세
四句偈等 當知此處 一切世

간천인아수라 개응공양 여
間天人阿修羅 皆應供養 如

불탑묘 하황유인진능수지
佛塔廟 何況有人盡能受持

독송 수보리 당지시인성취최
讀誦 須菩提 當知是人成就最

상제일희유지법 약시경전소
上第一希有之法 若是經典所

122

재지처 즉위유불 약존중제자

在之處 則爲有佛 若尊重弟子

여법수지분 제십삼

如法受持分 第十三

이시 수보리백불언 세존 당

爾時 須菩提白佛言 世尊 當

하명차경 아등운하봉지 불

何名此經 我等云何奉持 佛

고수보리 시경명위금강반야

告須菩提 是經名爲金剛般若

바라밀 이시명자 여당봉지

波羅蜜 以是名字 汝當奉持

소이자하 수보리 불설반야

所以者何 須菩提 佛說般若

바라밀 즉비반야바라밀 시

波羅蜜 則非般若波羅蜜 是

명반야바라밀 수보리 어의

名般若波羅蜜 須菩提 於意

운하 여래유소설법부 수보
云何 如來有所說法不 須菩

리백불언 세존 여래무소설
提白佛言 世尊 如來無所說

수보리 어의운하 삼천대천
須菩提 於意云何 三千大千

세계 소유미진 시위다부 수
世界 所有微塵 是爲多不 須

보리언 심다세존 수보리 제
菩提言 甚多世尊 須菩提 諸

미진 여래설비미진 시명미
微塵 如來說非微塵 是名微

진 여래설세계 비세계 시
塵 如來說世界 非世界 是

명세계 수보리 어의운하 가
名世界 須菩提 於意云何 可

이삼십이상견여래부 불야세
以三十二相見如來不 不也世

존 불가이삼십이상득견여래
尊 不可以三十二相得見如來

124

하이고 여래설삼십이상 즉
何 以 故　如 來 說 三 十 二 相　卽

시비상 시명삼십이상 수보
是 非 相　是 名 三 十 二 相　須 菩

리 약유선남자선여인 이항
提　若 有 善 男 子 善 女 人　以 恒

하사등신명보시 약부유인 어
河 沙 等 身 命 布 施　若 復 有 人　於

차경중 내지수지사구게등 위
此 經 中　乃 至 受 持 四 句 偈 等　爲

타인설 기복심다
他 人 說　其 福 甚 多

이상적멸분 제십사
離 相 寂 滅 分　第 十 四

이시 수보리 문설시경 심해
爾 時　須 菩 提　聞 說 是 經　深 解

의취 체루비읍 이백불언 희
義 趣　涕 淚 悲 泣　而 白 佛 言　希

125

유세존 불설여시심심경전 아
有 世 尊 佛 說 如 是 甚 深 經 典 我

종석래소득혜안 미증득문여
從 昔 來 所 得 慧 眼 未 曾 得 聞 如

시지경 세존 약부유인 득
是 之 經 世 尊 若 復 有 人 得

문시경 신심청정 즉생실상
聞 是 經 信 心 清 淨 則 生 實 相

당지시인 성취제일희유공덕
當 知 是 人 成 就 第 一 希 有 功 德

세존 시실상자 즉시비상 시
世 尊 是 實 相 者 則 是 非 相 是

고 여래설명실상 세존 아
故 如 來 說 名 實 相 世 尊 我

금득문여시경전 신해수지 부
今 得 聞 如 是 經 典 信 解 受 持 不

족위난 약당래세 후오백세
足 爲 難 若 當 來 世 後 五 百 歲

기유중생 득문시경 신해수
其 有 衆 生 得 聞 是 經 信 解 受

지 시인즉위제일희유 하이
持 是人則 爲第一希有 何以

고 차인 무아상인상중생상
故 此人 無我相人相衆生相

수자상 소이자하 아상즉시
壽者相 所以者何 我相卽是

비상 인상중생상수자상즉시
非相 人相衆生相壽者相卽是

비상 하이고 이일체제상 즉
非相 何以故 離一切諸相 則

명제불 불고수보리 여시여
名諸佛 佛告須菩提 如是如

시 약부유인 득문시경 불
是 若復有人 得聞是經 不

경불포불외 당지시인 심위
驚不怖不畏 當知是人 甚爲

희유 하이고 수보리 여래
希有 何以故 須菩提 如來

설제일바라밀 비제일바라밀
說第一波羅蜜 非第一波羅蜜

시명제일바라밀 수보리 인
是 名 第 一 波 羅 蜜 須 菩 提 忍

욕바라밀 여래설비인욕바라
辱 波 羅 蜜 如 來 說 非 忍 辱 波 羅

밀 하이고 수보리 여아석
蜜 何 以 故 須 菩 提 如 我 昔

위가리왕 할절신체 아어이
爲 歌 利 王 割 截 身 體 我 於 爾

시 무아상 무인상 무중생
時 無 我 相 無 人 相 無 衆 生

상 무수자상 하이고 아어
相 無 壽 者 相 何 以 故 我 於

왕석절절지해시 약유아상인
往 昔 節 節 支 解 時 若 有 我 相 人

상중생상수자상 응생진한 수
相 衆 生 相 壽 者 相 應 生 瞋 恨 須

보리 우념과거어오백세 작
菩 提 又 念 過 去 於 五 百 世 作

인욕선인 어이소세 무아상
忍 辱 仙 人 於 爾 所 世 無 我 相

무인상 무중생상 무수자상

無人相　無衆生相　無壽者相

시고 수보리 보살 응리일체

是故　須菩提　菩薩　應離一切

상 발아누다라삼먁삼보리

相　發阿耨多羅三藐三菩提

심 불응주색생심 불응주성

心　不應住色生心　不應住聲

향미촉법생심 응생무소주심

香味觸法生心　應生無所住心

약심유주 즉위비주 시고

若心有住　則爲非住　是故

불설보살 심불응주색보시 수

佛說菩薩　心不應住色布施　須

보리 보살 위이익일체중생

菩提　菩薩　爲利益一切衆生

응여시보시 여래설일체제상

應如是布施　如來說一切諸相

즉시비상 우설일체중생 즉

卽是非相　又說一切衆生　則

129

비중생 수보리 여래시진어
非 衆 生 須 菩 提 如 來 是 眞 語

자 실어자 여어자 불광어
者 實 語 者 如 語 者 不 誑 語

자 불이어자 수보리 여래
者 不 異 語 者 須 菩 提 如 來

소득법 차법 무실무허 수
所 得 法 此 法 無 實 無 虛 須

보리 약보살 심주어법 이
菩 提 若 菩 薩 心 住 於 法 而

행보시 여인입암 즉무소견
行 布 施 如 人 入 闇 則 無 所 見

약보살 심부주법 이행보시
若 菩 薩 心 不 住 法 而 行 布 施

여인유목 일광명조 견종종
如 人 有 目 日 光 明 照 見 種 種

색 수보리 당래지세 약유
色 須 菩 提 當 來 之 世 若 有

선남자선여인 능어차경 수
善 男 者 善 女 人 能 於 此 經 受

지독송 즉위여래 이불지혜
持 讀 誦 則 爲 如 來 以 佛 智 慧

실지시인 실견시인 개득성
悉 知 是 人 悉 見 是 人 皆 得 成

취무량무변공덕
就 無 量 無 邊 功 德

지경공덕분 제십오
持 經 功 德 分 第 十 五

수보리 약유선남자선여인
須 菩 提 若 有 善 男 子 善 女 人

초일분 이항하사등신보시
初 日 分 以 恒 河 沙 等 身 布 施

중일분 부이항하사등신보
中 日 分 復 以 恒 河 沙 等 身 布

시 후일분 역이항하사등신
施 後 日 分 亦 以 恒 河 沙 等 身

보시 여시무량백천만억겁
布 施 如 是 無 量 百 千 萬 億 劫

이신보시 약부유인 문차
以身布施 若復有人 聞此

경전 신심불역 기복승피
經典 信心不逆 其福勝彼

하황서사수지독송 위인해설
何況書寫受持讀誦 爲人解說

수보리 이요언지 시경 유
須菩提 以要言之 是經 有

불가사의불가칭량무변공덕
不可思議不可稱量無邊功德

여래위발대승자설 위발최상
如來爲發大乘者說 爲發最上

승자설 약유인 능수지독송
乘者說 若有人 能受持讀誦

광위인설 여래실지시인 실
廣爲人說 如來悉知是人 悉

견시인 개득성취불가량불가
見是人 皆得成就不可量不可

칭무유변 불가사의공덕 여
稱無有邊 不可思議功德 如

시인등 즉위하담여래아누다
是人等 則爲荷擔如來阿耨多

라삼먁삼보리 하이고 수보
羅三藐三菩提 何以故 須菩

리 약요소법자 착아견인견
提 若樂小法者 着我見人見

중생견수자견 즉어차경 불
衆生見壽者見 則於此經 不

능청수독송 위인해설 수보
能聽受讀誦 爲人解說 須菩

리 재재처처 약유차경 일
提 在在處處 若有此經 一

체세간천인아수라 소응공양
切世間天人阿修羅 所應供養

당지차처 즉위시탑 개응공
當知此處 則爲是塔 皆應恭

경 작례위요 이제화향 이
敬 作禮圍繞 以諸華香 而

산기처
散其處

능정업장분 제십육
能淨業障分 第十六

부차 수보리 선남자선여인
復次 須菩提 善男子善女人

수지독송차경 약위인경천
受持讀誦此經 若爲人輕賤

시인 선세죄업 응타악도
是人 先世罪業 應墮惡道

이금세인경천고 선세죄업
以今世人輕賤故 先世罪業

즉위소멸 당득아누다라삼먁
則爲消滅 當得阿耨多羅三藐

삼보리 수보리 아념과거무
三菩提 須菩提 我念過去無

량아승기겁 어연등불전 득
量阿僧祇劫 於然燈佛前 得

치팔백사천만억나유타제불
值八百四千萬億那由他諸佛

실개공양승사 무공과자 약
悉 皆 供 養 承 事 　 無 空 過 者 若

부유인 어후말세 능수지독
復 有 人 　 於 後 末 世 　 能 受 持 讀

송차경 소득공덕 어아소공
誦 此 經 　 所 得 功 德 　 於 我 所 供

양제불공덕 백분불급일 천
養 諸 佛 功 德 　 百 分 不 及 一 　 千

만억분 내지산수비유 소불
萬 億 分 　 乃 至 算 數 譬 喩 　 所 不

능급 수보리 약선남자선여
能 及 　 須 菩 提 　 若 善 男 子 善 女

인 어후말세 유수지독송차
人 　 於 後 末 世 　 有 受 持 讀 誦 此

경 소득공덕 아약구설자 혹
經 　 所 得 功 德 　 我 若 具 說 者 　 或

유인문 심즉광란 호의불신
有 人 聞 　 心 則 狂 亂 　 狐 疑 不 信

수보리 당지 시경의 불가사
須 菩 提 　 當 知 　 是 經 義 　 不 可 思

135

의 과보역불가사의
議 果 報 亦 不 可 思 議

구경무아분 제십칠
究 竟 無 我 分　第 十 七

이시 수보리백불언 세존 선
爾 時　須 菩 提 白 佛 言 世 尊　善

남자선여인 발아누다라삼먁
男 子 善 女 人　發 阿 耨 多 羅 三 藐

삼보리심 운하응주 운하항
三 菩 提 心　云 何 應 住　云 何 降

복기심 불고수보리 선남자
伏 其 心　佛 告 須 菩 提　善 男 子

선여인 발아누다라삼먁삼보
善 女 人　發 阿 耨 多 羅 三 藐 三 菩

리자 당생여시심 아응멸도
提 者　當 生 如 是 心　我 應 滅 度

일체중생 멸도일체중생이
一 切 衆 生　滅 度 一 切 衆 生 已

이무유일중생실멸도자 하
而 無 有 一 衆 生 實 滅 度 者 何

이고 수보리 약보살 유아상
以 故 須 菩 提 若 菩 薩 有 我 相

인상중생상수자상 즉비보살
人 相 衆 生 相 壽 者 相 則 非 菩 薩

소이자하 수보리 실무유법
所 以 者 何 須 菩 提 實 無 有 法

발아누다라삼먁삼보리자 수
發 阿 耨 多 羅 三 藐 三 菩 提 者 須

보리 어의운하 여래 어연등
菩 提 於 意 云 何 如 來 於 然 燈

불소 유법득아누다라삼먁삼
佛 所 有 法 得 阿 耨 多 羅 三 藐 三

보리부 불야세존 여아해불소
菩 提 不 不 也 世 尊 如 我 解 佛 所

설의 불어연등불소 무유법
說 義 佛 於 然 燈 佛 所 無 有 法

득아누다라삼먁삼보리 불언
得 阿 耨 多 羅 三 藐 三 菩 提 佛 言

여시여시 수보리 실무유법
如是如是 須菩提 實無有法

여래득아누다라삼먁삼보리 수
如來得阿耨多羅三藐三菩提 須

보리 약유법여래득아누다라
菩提 若有法如來得阿耨多羅

삼먁삼보리자 연등불 즉불
三藐三菩提者 然燈佛 則不

여아수기 여어래세 당득작
與我受記 汝於來世 當得作

불 호석가모니 이실무유법
佛 號釋迦牟尼 以實無有法

득아누다라삼먁삼보리 시고
得阿耨多羅三藐三菩提 是故

연등불 여아수기 작시언 여
然燈佛 與我受記 作是言 汝

어래세 당득작불 호석가모
於來世 當得作佛 號釋迦牟

니 하이고 여래자 즉제법
尼 何以故 如來者 卽諸法

여의 약유인언 여래득아누
如義 若有人言 如來得阿耨

다라삼먁삼보리 수보리 실
多羅三藐三菩提 須菩提 實

무유법불득아누다라삼먁삼보
無有法佛得阿耨多羅三藐三菩

리 수보리 여래소득아누다
提 須菩提 如來所得阿耨多

라삼먁삼보리 어시중 무실
羅三藐三菩提 於是中 無實

무허 시고 여래설 일체법
無虛 是故 如來說 一切法

개시불법 수보리 소언일체
皆是佛法 須菩提 所言一切

법자 즉비일체법 시고 명
法者 卽非一切法 是故 名

일체법 수보리 비여인신장
一切法 須菩提 譬如人身長

대 수보리언 세존 여래설
大 須菩提言 世尊 如來說

인신장대 즉위비대신 시명
人身長大 則爲非大身 是名

대신 수보리 보살역여시 약
大身 須菩提 菩薩亦如是 若

작시언 아당멸도 무량중생
作是言 我當滅度 無量衆生

즉불명보살 하이고 수보리
則不名菩薩 何以故 須菩提

실무유법명위보살 시고 불
實無有法名爲菩薩 是故 佛

설일체법 무아무인무중생무
說一切法 無我無人無衆生無

수자 수보리 약보살작시언
壽者 須菩提 若菩薩作是言

아당장엄불토 시불명보살 하
我當莊嚴佛土 是不名菩薩 何

이고 여래설장엄불토자 즉
以故 如來說莊嚴佛土者 卽

비장엄 시명장엄 수보리 약
非莊嚴 是名莊嚴 須菩提 若

140

보살 통달무아법자 여래설
菩薩 通達無我法者 如來說

명진시보살
名眞是菩薩

일체동관분 제십팔
一體同觀分 第十八

수보리 어의운하 여래유육
須菩提 於意云何 如來有肉

안부 여시세존 여래유육안
眼不 如是世尊 如來有肉眼

수보리 어의운하 여래유천
須菩提 於意云何 如來有天

안부 여시세존 여래유천안
眼不 如是世尊 如來有天眼

수보리 어의운하 여래유혜
須菩提 於意云何 如來有慧

안부 여시세존 여래유혜안
眼不 如是世尊 如來有慧眼

수보리 어의운하 여래유법
須 菩 提　於 意 云 何　如 來 有 法

안부 여시세존 여래유법안
眼 不　如 是 世 尊　如 來 有 法 眼

수보리 어의운하 여래유불
須 菩 提　於 意 云 何　如 來 有 佛

안부 여시세존 여래유불안
眼 不　如 是 世 尊　如 來 有 佛 眼

수보리 어의운하 여항하중
須 菩 提　於 意 云 何　如 恒 河 中

소유사 불설시사부 여시세
所 有 沙　佛 說 是 沙 不　如 是 世

존 여래설시사 수보리 어의
尊　如 來 說 是 沙　須 菩 提　於 意

운하 여일항하중소유사 유여
云 何　如 一 恒 河 中 所 有 沙　有 如

시등항하 시제항하소유사
是 等 恒 河　是 諸 恒 河 所 有 沙

수불세계 여시영위다부 심
數 佛 世 界　如 是 寧 爲 多 不　甚

다세존 불고수보리 이소국
多世尊 佛告須菩提 爾所國

토중 소유중생 약간종심 여
土中 所有衆生 若干種心 如

래실지 하이고 여래설제심
來悉知 何以故 如來說諸心

개위비심 시명위심 소이자
皆爲非心 是名爲心 所以者

하 수보리 과거심불가득 현
何 須菩提 過去心不可得 現

재심불가득 미래심불가득
在心不可得 未來心不可得

법계통화분 제십구
法界通化分 第十九

수보리 어의운하 약유인 만
須菩提 於意云何 若有人 滿

삼천대천세계칠보 이용보시
三千大千世界七寶 以用布施

시인 이시인연 득복다부 여
是人 以是因緣 得福多不 如

시세존 차인 이시인연 득복
是世尊 此人 以是因緣 得福

심다 수보리 약복덕유실 여
甚多 須菩提 若福德有實 如

래불설득복덕다 이복덕무고
來不說得福德多 以福德無故

여래설득복덕다
如來說得福德多

이색이상분 제이십
離色離相分 第二十

수보리 어의운하 불가이구
須菩提 於意云何 佛可以具

족색신견부 불야세존 여래
足色身見不 不也世尊 如來

불응이구족색신견 하이고
不應以具足色身見 何以故

여래설구족색신 즉비구족색
如 來 說 具 足 色 身 卽 非 具 足 色

신 시명구족색신 수보리 어
身 是 名 具 足 色 身 須 菩 提 於

의운하 여래가이구족제상견
意 云 何 如 來 可 以 具 足 諸 相 見

부 불야세존 여래불응이구
不 不 也 世 尊 如 來 不 應 以 具

족제상견 하이고 여래설제
足 諸 相 見 何 以 故 如 來 說 諸

상구족 즉비구족 시명제상
相 具 足 卽 非 具 足 是 名 諸 相

구족
具 足

비설소설분 제이십일
非 說 所 說 分 第 二 十 一

수보리 여물위여래작시념
須 菩 提 汝 勿 謂 如 來 作 是 念

아당유소설법 막작시념 하
我 當 有 所 說 法　莫 作 是 念 何

이고 약인언 여래유소설법
以 故　若 人 言　如 來 有 所 說 法

즉위방불 불능해아소설고
卽 爲 謗 佛　不 能 解 我 所 說 故

수보리 설법자 무법가설 시
須 菩 提　說 法 者　無 法 可 說　是

명설법 이시 혜명수보리 백
名 說 法　爾 時　慧 命 須 菩 提　白

불언 세존 파유중생 어미래
佛 言　世 尊　頗 有 衆 生　於 未 來

세 문설시법 생신심부 불언
世　聞 說 是 法　生 信 心 不　佛 言

수보리 피비중생 비불중생
須 菩 提　彼 非 衆 生　非 不 衆 生

하이고 수보리 중생중생자
何 以 故　須 菩 提　衆 生 衆 生 者

여래설비중생 시명중생
如 來 說 非 衆 生　是 名 衆 足

무법가득분 제이십이
無 法 可 得 分 第 二 十 二

수보리백불언 세존 불득아
須 菩 提 白 佛 言 世 尊 佛 得 阿

누다라삼먁삼보리 위무소득
耨 多 羅 三 藐 三 菩 提 爲 無 所 得

야 불언 여시여시 수보리
耶 佛 言 如 是 如 是 須 菩 提

아어아누다라삼먁삼보리 내
我 於 阿 耨 多 羅 三 藐 三 菩 提 乃

지무유소법가득 시명아누다
至 無 有 少 法 可 得 是 名 阿 耨 多

라삼먁삼보리
羅 三 藐 三 菩 提

정심행선분 제이십삼
淨 心 行 善 分 第 二 十 三

부차 수보리 시법평등 무

復次 須菩提 是法平等 無

유고하 시명아누다라삼먁삼

有高下 是名阿耨多羅三藐三

보리 이무아무인무중생무수

菩提 以無我無人無衆生無壽

자 수일체선법 즉득아누다

者 修一切善法 則得阿耨多

라삼먁삼보리 수보리 소언

羅三藐三菩提 須菩提 所言

선법자 여래설 즉비선법 시

善法者 如來說 卽非善法 是

명선법

名善法

복지무비분 제이십사

福智無比分 第二十四

수보리 약삼천대천세계중 소

須菩提 若三千大千世界中 所

유제수미산왕 여시등칠보취
有 諸 須 彌 山 王　如 是 等 七 寶 聚

유인 지용보시 약인 이차
有 人　持 用 布 施　若 人　以 此

반야바라밀경 내지사구게등
般 若 波 羅 蜜 經　乃 至 四 句 偈 等

수지독송 위타인설 어전복
受 持 讀 誦　爲 他 人 說　於 前 福

덕 백분불급일 백천만억분
德　百 分 不 及 一　百 千 萬 億 分

내지산수비유 소불능급
乃 至 筭 數 譬 喩　所 不 能 及

화무소화분 제이십오
化 無 所 化 分　第 二 十 五

수보리 어의운하 여등물위
須 菩 提　於 意 云 何　汝 等 勿 謂

여래작시념 아당도중생 수
如 來 作 是 念　我 當 度 衆 生　須

보리 막작시념 하이고 실
菩提 莫作是念 何以故 實

무유중생여래도자 약유중생
無有衆生如來度者 若有衆生

여래도자 여래즉유아인중생
如來度者 如來則有我人衆生

수자 수보리 여래설 유아
壽者 須菩提 如來說 有我

자 즉비유아 이범부지인 이
者 則非有我 而凡夫之人 以

위유아 수보리 범부자 여래
爲有我 須菩提 凡夫者 如來

설즉비범부
說則非凡夫

법신비상분 제이십육
法身非相分 第二十六

수보리 어의운하 가이삼십
須菩提 於意云何 可以三十

이상 관여래부 수보리언 여
二 相　觀 如 來 不　須 菩 提 言　如

시여시 이삼십이상 관여래
是 如 是　以 三 十 二 相　觀 如 來

불언 수보리 약이삼십이상
佛 言　須 菩 提　若 以 三 十 二 相

관여래자 전륜성왕 즉시여
觀 如 來 者　轉 輪 聖 王　則 是 如

래 수보리백불언 세존 여아
來　須 菩 提 白 佛 言　世 尊　如 我

해불소설의 불응이삼십이상
解 佛 所 說 義　不 應 以 三 十 二 相

관여래 이시세존 이설게언
觀 如 來　爾 時 世 尊　而 說 偈 言

약이색견아 이음성구아
若 以 色 見 我　以 音 聲 求 我

시인행사도 불능견여래
是 人 行 邪 道　不 能 見 如 來

무단무멸분 제이십칠
無斷無滅分 第二十七

수보리 여약작시념 여래불
須菩提 汝若作是念 如來不

이구족상고 득아누다라삼먁
以具足相故 得阿耨多羅三藐

삼보리 수보리 막작시념 여래
三菩提 須菩提 莫作是念 如來

불이구족상고 득아누다라삼
不以具足相故 得阿耨多羅三

먁삼보리 수보리 여약작시
藐三菩提 須菩提 汝若作是

념 발아누다라삼먁삼보리자
念 發阿耨多羅三藐三菩提者

설제법단멸상 막작시념 하
說諸法斷滅相 莫作是念 何

이고 발아누다라삼먁삼보리
以故 發阿耨多羅三藐三菩提

심자 어법 불설단멸상
心者 於法 不說斷滅相

불수불탐분 제이십팔
不受不貪分 第二十八

수보리 약보살 이만항하사
須菩提 若菩薩 以滿恒河沙

등세계칠보 지용보시 약부
等世界七寶 持用布施 若復

유인 지일체법무아 득성어
有人 知一切法無我 得成於

인 차보살 승전보살소득공
忍 此菩薩 勝前菩薩所得功

덕 수보리 이제보살 불수
德 須菩提 以諸菩薩 不受

복덕고 수보리백불언 세존
福德故 須菩提白佛言 世尊

운하보살 불수복덕 수보리
云何菩薩 不受福德 須菩提

보살 소작복덕 불응탐착 시
菩薩 所作福德 不應貪着 是

고 설불수복덕
故 說 不受福德

위의적정분 제이십구
威儀寂靜分 第二十九

수보리 약유인언 여래약래
須菩提 若有人言 如來若來

약거약좌약와 시인 불해아
若去若坐若臥 是人 不解我

소설의 하이고 여래자 무
所說義 何以故 如來者 無

소종래 역무소거 고명여래
所從來 亦無所去 故名如來

일합이상분 제삼십
一 合理相分 第三十

수보리 약선남자선여인 이
須菩提 若善男子善女人 以

삼천대천세계 쇄위미진 어
三千大千世界 碎爲微塵 於

의운하 시미진중 영위다부
意云何 是微塵衆 寧爲多不

심다세존 하이고 약시미진
甚多世尊 何以故 若是微塵

중 실유자 불즉불설시미진
衆 實有者 佛則不說是微塵

중 소이자하 불설미진중 즉
衆 所以者何 佛說微塵衆 則

비미진중 시명미진중 세존
非微塵衆 是名微塵衆 世尊

여래소설삼천대천세계 즉비
如來所說三千大千世界 則非

세계 시명세계 하이고 약
世界 是名世界 何以故 若

세계 실유자 즉시일합상
世界 實有者 則是一合相

여래설일합상 즉비일합상
如來說一合相 則非一合相

시명일합상 수보리 일합상
是名一合相 須菩提 一合相

자 즉시불가설 단범부지인
者 則是不可說 但凡夫之人

탐착기사
貪着其事

지견불생분 제삼십일
知見不生分 第三十一

수보리 약인언 불설아견인
須菩提 若人言 佛說我見人

견중생견수자견 수보리 어
見衆生見壽者見 須菩提 於

의운하 시인 해아소설의부
意云何 是人 解我所說義不

불야세존 시인 불해여래소
不也世尊 是人 不解如來所

설의 하이고 세존설아견인
說義 何以故 世尊說我見人

견중생견수자견 즉비아견인
見 衆生見壽者見 卽非我見人

견중생견수자견 시명아견인
見 衆生見壽者見 是名我見人

견중생견수자견 수보리 발
見 衆生見壽者見 須菩提 發

아누다라삼먁삼보리심자 어
阿耨多羅三藐三菩提心者 於

일체법 응여시지 여시견 여
一切法 應如是知 如是見 如

시신해 불생법상 수보리 소
是信解 不生法相 須菩提 所

언법상자 여래설즉비법상 시
言法相者 如來說卽非法相 是

명법상
名法相

응화비진분 제삼십이

應化非眞分 第三十二

수보리 약유인 이만무량아

須菩提 若有人 以滿無量阿

승기세계칠보 지용보시 약

僧祇世界七寶 持用布施 若

유선남자선여인 발보살심자

有善男子善女人 發菩薩心者

지어차경 내지사구게등 수

持於此經 乃至四句偈等 受

지독송 위인연설 기복승피

持讀誦 爲人演說 其福勝彼

운하위인연설 불취어상 여

云何爲人演說 不取於相 如

여부동 하이고

如不動 何以故

일체유위법 여몽환포영

一切有爲法 如夢幻泡影

여로역여전 응작여시관
如露亦如電 應作如是觀

불설시경이 장로수보리 급
佛說是經已 長老須菩提 及

제비구비구니 우바새우바이
諸比丘比丘尼 優婆塞優婆夷

일체세간천인아수라 문불소
一切世間天人阿修羅 聞佛所

설 개대환희 신수봉행
說 皆大歡喜 信受奉行

금강반야바라밀경 종
金剛般若波羅蜜經 終

금강반야바라밀경 진언
金剛 般若 波羅蜜經 眞言

나모 바가발제
那謨 婆伽跋帝

발라양 파라미다예
鉢喇壤 波羅弭多曳

옴 이리저 이실리 수로타
唵 伊利底 伊室利 輪盧馱

비사야 비사야 사바하
毘舍耶 毘舍耶 莎婆訶

금강반야바라밀경찬
金剛般若波羅蜜經纂

여시아문 선남자 선여인 수
如是我聞 善男子 善女人 受

지독송 차경찬일권 여전 금
持讀誦 此經纂一卷 如轉 金

강경 삼십만편 우득신명가
剛經 三十萬遍 又得神明加

피 중성제휴 국건대력칠년
被 衆聖提携 國建大曆七年

비산현령 유씨여자연일십구
毘山縣令 劉氏女子年一十九

세신망 지칠일 득견염라대
歲身亡 至七日 得見閻羅大

왕 문왈일생이래 작하인연
王 問曰一生已來 作何因緣

여자 답왈 일생이래 편지
女子 答曰 一生已來 偏持

득금강경 우문왈 하불념금
得 金 剛 經 又 問 曰 何 不 念 金

강경찬 여자답왈 연세상무
剛 經 纂 女 子 答 曰 緣 世 上 無

본 왕왈 방여환활 분명기
本 王 曰 放 汝 還 活 分 明 其

취경문 종여시아문 지신수
取 經 文 從 如 是 我 聞 至 信 受

봉행 도계 오천일백사십구
奉 行 都 計 五 千 一 百 四 十 九

자 육십구불 오십일세존 팔
字 六 十 九 佛 五 十 一 世 尊 八

십오여래 삼십칠보살 일백
十 五 如 來 三 十 七 菩 薩 一 百

삼십팔수보리 이십육선남자
三 十 八 須 菩 提 二 十 六 善 男 子

선여인 삼십팔하이고 삼십
善 女 人 三 十 八 何 以 故 三 十

육중생 삼십일어의운하 삼
六 衆 生 三 十 一 於 意 云 何 三

십여시 이십구아누다라삼먁
十如是 二十九阿耨多羅三藐

삼보리 이십일보시 십팔복
三菩提 二十一布施 十八福

덕 일십삼항하사 십이미진
德 一十三恒河沙 十二微塵

칠개삼천대천세계 칠개삼십
七箇三千大天世界 七箇三十

이상 팔공덕 팔장엄 오바
二相 八功德 八莊嚴 五波

라밀 사수다원 사사다함 사
羅蜜 四須陀洹 四斯陀含 四

아나함 사아라한 차시 사
阿那含 四阿羅漢 此是 四

과선인 여아석위가리왕 할
果僊人 如我昔爲歌利王 割

절신체 여아왕석절절지해시
截身體 如我往昔節節支解時

약유아상 인상 중생상 수
若有我相 人相 衆生相 壽

금강반야바라밀경찬 / 金剛般若波羅蜜經纂

자상 일일무아견 인견 중
者相 一一無我見 人見 衆

생견 수자견 삼비구니 수
生見 壽者見 三比丘尼 數

내 칠사구게.
內 七四句偈

마하반야바라밀
摩訶般若波羅蜜

금강반야바라밀경찬 종
金剛般若波羅蜜經纂 終

금강반야바라밀경찬

金 剛 般 若 波 羅 蜜 經 纂

(한글해석)

이와같이 나는 들었습니다. 선남자 선여인이 이『금강경찬』한 권을 지니고 독송하면 『금강경』삼십만 번을 독송한 것과 같고 또한 신중들의 신령한 가피를 얻게 됩니다.

당나라 대력 7년에 비산현의 현령 유 씨의 딸이 열아홉 살에 죽어 7일째 되던 날, 염라대왕을 만났는데 염라대왕이 물었습니다.

"세상에서 일생 동안 특별히 한 일이 있는가?"

여자가 대답하였습니다.

"일생 동안 오직 금강경을 독송했습니다."

그러자 염라대왕이 다시 물었습

니다.

"어찌하여 금강경찬을 염송하지 않았는가?"

여자가 대답하기를

"세상에는 그런 경본이 없기 때문입니다."라고 하였습니다.

염라대왕이 말하기를

"너를 인간 세상에 내보낼 것이니, 이 경문을 분명히 기억하도록 하라. 『금강경』은 '이와같이 나는 들었습니다(如是我聞)'부터 '믿고 지니어 받들어 행하였습니다(信受奉行)'에 이르기까지 모두 5천1백49자이다. 그 가운데 불(佛)이 69번, 세존(世尊)이 51번, 여래(如來)가 85번, 보살(菩薩)이 37번, 수보리(須菩提)가 1백38번, 선남자 선여인(善男子 善女人)이 26번, 하이고(何以故)가 38번, 중생(衆生)

이 36번, 어의운하(於意云何)가 31
번, 여시(如是)가 30번, 아누다라
삼먁삼보리(阿耨多羅三藐三菩提)
가 29번, 보시(布施)가 21번, 복덕
(福德)이 18번, 항하사(恒河沙)가
13번, 미진(微塵)이 12번, 삼천대
천세계(三千大天世界)가 7번, 삼십
이상(三十二相)이 7번, 공덕(功德)
이 8번, 장엄(莊嚴)이 8번, 바라밀
(波羅蜜)이 5번, 수다원(須陀洹)이
4번, 사다함(斯陀咸)이 4번, 아나
함(阿那含)이 4번, 아라한(阿羅漢)
이 4번 나온다.

　이것이 곧 4성과(四聖果)의 선
인(仙人)이니, 그것은 「내가 아
득히 먼 옛날 가리왕에게 몸을 찢
길 때 만약 나란 생각(我相)이 있고
남이란 생각(人相)이 있었으며 중
생이란 생각(衆生相)이 있었고 오

래 산다는 생각(壽者相)이 있었다면....... (응당 성내고 원망하는 마음을 내었을 것이니라)」「아라한 성인은 한 생각 단 한 번도 나라는 관념(我見), 남이라는 관념(人見), 중생이라는 관념(衆生見), 오래 산다는 관념(壽者見)이 없다」라고 하셨다.

또한 비구니가 3번, 4구게가 7번 나온다."라고 하였습니다.

금강반야바라밀경찬 한글해석 마침

칠사구게

七 四 句 偈

1. 범소유상 개시허망

凡 所 有 相　皆 是 虛 妄

약견제상비상 즉견여래

若 見 諸 相 非 相　卽 見 如 來

(여리실견분 제5품)

신체적 특징들은 모두 헛된 것이니
신체적 특징이 신체적 특징 아님을
본다면 바로 여래를 보리라.

2. 불응주색생심

不 應 住 色 生 心

불응주성향미촉법생심

不 應 住 聲 香 味 觸 法 生 心

응무소주 이생기심

應 無 所 住　以 生 其 心

(장엄정토분 제10품)

형색에 집착하지 않고 마음을 내어

야 하고 소리, 냄새, 맛, 감촉, 마음
의 대상에도 집착하지 않고 마음을
내어야 한다. 마땅히 집착 없이 그
마음을 내어야 한다.

3. 약이색견아 이음성구아
若 以 色 見 我　以 音 聲 求 我

시인행사도 불능견여래
是 人 行 邪 道　不 能 見 如 來

(법신비상분 제26품)

형색으로 나를 보거나
음성으로 나를 찾으면
삿된 길 걸을 뿐 여래 볼 수 없으리.

4. 일체유위법 여몽환포영
一 切 有 爲 法　如 夢 幻 泡 影

여로역여전 응작여시관
如 露 亦 如 電　應 作 如 是 觀

(응화비진분 제32품)

일체 모든 유위법은 꿈·허깨비·
물거품·그림자·이슬·번개 같으니
이렇게 관찰할지라.

170

5. 지아설법 여벌유자
知 我 說 法　如 筏 喻 者

법상응사 하황비법
法 尙 應 捨　河 況 非 法

(정신희유분 제6품)

나의 설법은
뗏목과 같은 줄 알아라.
법도 버려야 하거늘
하물며 법 아닌 것이랴!

6. 시법평등 무유고하
是 法 平 等　無 有 高 下

시명아누다라삼먁삼보리
是 名 阿 耨 多 羅 三 藐 三 菩 提

이무아무인무중생무수자
以 無 我 無 人 無 衆 生 無 壽 者

(정심행선분 제23품)

이 법은 평등하여 높고 낮은 것이 없으니,
이것을 가장 높고 바른 깨달음이라 말한다.
즉, 자아가 있다는 관념 · 개아가 있다는
관념 · 중생이 있다는 관념 · 영혼이 있다는
관념이 없는 마음이다.

171

7. 여래자 무소종래
如 來 者　無 所 從 來

역무소거 고명여래
亦 無 所 去　故 名 如 來

(위의적정분 제 29품)

여래란 오는 것도 없고
가는 것도 없으므로
여래라고 말하기 때문이다.

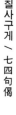

100일기도 정진표

1일	2일	3일	4일	5일

6일	7일	8일	9일	10일

11일	12일	13일	14일	15일

16일	17일	18일	19일	20일

21일	22일	23일	24일	25일

26일	27일	28일	29일	30일

31일	32일	33일	34일	35일

36일	37일	38일	39일	40일

41일	42일	43일	44일	45일

46일	47일	48일	49일	50일

51일	52일	53일	54일	55일
56일	57일	58일	59일	60일
61일	62일	63일	64일	65일
66일	67일	68일	69일	70일
71일	72일	73일	74일	75일
76일	77일	78일	79일	80일
81일	82일	83일	84일	85일
86일	87일	88일	89일	90일
91일	92일	93일	94일	95일
96일	97일	98일	99일	100일

100일기도 정진표

1일	2일	3일	4일	5일
6일	7일	8일	9일	10일
11일	12일	13일	14일	15일
16일	17일	18일	19일	20일
21일	22일	23일	24일	25일
26일	27일	28일	29일	30일
31일	32일	33일	34일	35일
36일	37일	38일	39일	40일
41일	42일	43일	44일	45일
46일	47일	48일	49일	50일

51일	52일	53일	54일	55일
56일	57일	58일	59일	60일
61일	62일	63일	64일	65일
66일	67일	68일	69일	70일
71일	72일	73일	74일	75일
76일	77일	78일	79일	80일
81일	82일	83일	84일	85일
86일	87일	88일	89일	90일
91일	92일	93일	94일	95일
96일	97일	98일	99일	100일

177

100일기도 정진표

1일	2일	3일	4일	5일

6일	7일	8일	9일	10일

11일	12일	13일	14일	15일

16일	17일	18일	19일	20일

21일	22일	23일	24일	25일

26일	27일	28일	29일	30일

31일	32일	33일	34일	35일

36일	37일	38일	39일	40일

41일	42일	43일	44일	45일

46일	47일	48일	49일	50일

51일	52일	53일	54일	55일

56일	57일	58일	59일	60일

61일	62일	63일	64일	65일

66일	67일	68일	69일	70일

71일	72일	73일	74일	75일

76일	77일	78일	79일	80일

81일	82일	83일	84일	85일

86일	87일	88일	89일	90일

91일	92일	93일	94일	95일

96일	97일	98일	99일	100일

금강반야바라밀경

초판 2쇄 발행 2023년 1월 1일
편집 현수스님
펴낸곳 도서출판 이층버스
출판등록 제2013-45호(2014년 3월 3일)
주소 서울 관악구 양녕로 31, 301-404
이메일 doubledeckerbook@gmail.com

* 법공양이 필요한 경우 문의하세요.
　연락처 : 055-972-5664

정가　10,000원

9 791188 778041
92220
ISBN 979-11-88778-04-1